OBSÈQUES

DE

M. LE PROFESSEUR COMBAL

DISCOURS

DE

MM. CHANCEL, Recteur de l'Académie,

GRASSET, Professeur a la Faculté de Médecine,

SARDA, Chef de Clinique médicale,

RAUZIER, Interne des Hôpitaux.

MONTPELLIER

TYPOGRAPHIE ET LITHOGRAPHIE CHARLES BOEHM

Éditeur du Montpellier médical

de la Gazette hebdomadaire des sciences médicales

du Conseil général des Facultés.

1888

OBSÈQUES

DE

M. LE PROFESSEUR COMBAL

DISCOURS

DE

MM. CHANCEL, Recteur de l'Académie,

GRASSET, Professeur a la Faculté de Médecine,

SARDA, Chef de Clinique médicale,

RAUZIER, Interne des Hôpitaux.

MONTPELLIER

TYPOGRAPHIE ET LITHOGRAPHIE CHARLES BOEHM

Éditeur du Montpellier Médical
de la Gazette Hebdomadaire des Sciences Médicales
du Conseil Général des Facultés.

1888

OBSÈQUES DE M. LE PROFESSEUR COMBAL

Montpellier vient de faire une grande perte : M. Combal est mort ! Il s'est éteint après une courte maladie, alors qu'une assez longue carrière lui semblait encore réservée.

Cette mort est une grande douleur pour sa famille et pour ses amis ; c'est aussi un grand deuil pour la Faculté de Médecine.

M. Combal s'était acquis depuis longtemps une grande autorité médicale ; sa réputation s'étendait au loin.

Il avait un rare talent d'enseignement clinique dont de nombreuses générations d'étudiants ont largement profité ; il possédait enfin une extrême bonté qui séduisait tous ceux qui l'approchaient.

Respectueusement affectionné par ses collègues et par ses élèves, vénéré par ses malades, estimé de tous, M. Combal était à la fois l'honneur de notre Cité et l'orgueil de notre École.

Toutes les Autorités montpelliéraines, civiles et militaires, les Facultés, les Étudiants, une foule nombreuse, ont tenu à témoigner leurs regrets et leur sympathie à l'illustre Professeur, en l'accompagnant respectueusement à sa dernière demeure.

Le convoi s'est d'abord rendu à l'église Saint-Matthieu, où l'Évêque de Montpellier, Msr de Cabrières, a fait l'éloge du défunt et a rendu un solennel hommage au médecin, au savant, à l'homme de bien, dont M. Combal incarnait les nobles qualités.

Après le défilé d'usage à la Faculté, et avant d'être dirigé sur le cimetière, le corps a été porté à l'hôpital Saint-Éloi, où plusieurs discours ont été prononcés : M. Chancel, recteur, a porté la parole au nom de l'Université ; M. Grasset, professeur de Clinique médicale, au nom de la Faculté ; M. Sarda, chef de Clinique, au nom des anciens Élèves ; M. Rauzier, Interne des Hôpitaux, au nom des Étudiants.

La vie de l'homme de science, du professeur, du praticien, de l'homme même, a été rappelée avec éloquence et retracée avec une rare vigueur. On sentait que les orateurs parlaient avec leur âme, et leurs accents émus ont vivement impressionné l'assistance.

Discours de **M. CHANCEL**, Recteur.

MESSIEURS,

Je ne saurais résister à l'émotion profonde qui s'est emparée de moi depuis le moment où m'est parvenue la fatale nouvelle de cette mort, qui plonge dans le deuil la famille universitaire de Montpellier, et enlève à la science médicale un de ses plus illustres représentants.

Je n'ai pas l'intention cependant de prononcer ici l'éloge que mérite Combal comme savant, comme clinicien, comme professeur. Un de ses Collègues, à qui cette tâche incombe, vous dira quelle fut cette carrière de dévouement, de devoir, de vertu, si glorieuse à tant de titres.

Il vous donnera le motif de cette angoisse qui a pesé sur le cœur de tous, durant le cours d'une maladie brusquement déclarée ; — vous expliquera pourquoi ce concours immense autour de ce cercueil, pourquoi ce deuil public pour l'un des nôtres, l'un des plus grands sans doute et des meilleurs, mais sans contredit le plus modeste et le plus simple..... Je ne me suis réservé que le douloureux privilège d'adresser un dernier adieu à un vieil ami, un ami de quarante ans !

Le Dr Combal débutait, en 1849, comme agrégé à la Faculté de Médecine, lorsque j'eus la bonne fortune de nouer avec lui des relations dont le souvenir comptera parmi les plus doux de ma vie. Depuis lors, ni le temps, qui brise tous les liens, ni la division des opinions, si fatale souvent aux amitiés et aux affections, n'avaient porté la moindre atteinte aux sentiments que nous professions l'un pour l'autre.

Aujourd'hui, la mort m'enlève cet ami sûr et fidèle.....Et c'est pourquoi, Messieurs, j'ai cédé au désir bien légitime d'exprimer ici la douleur que cette mort m'a causée ! Adieu, Combal ; adieu, cher et excellent ami ! — Adieu !

Discours de M. GRASSET.

MESSIEURS,

Lorsque l'oraison funèbre d'un soldat glorieux est prononcée sur le champ de bataille même qui a été le théâtre de ses victoires et où il a puisé les germes de sa mort, cette oraison funèbre est toujours éloquente, quelle que soit l'infirmité de l'orateur. Le lieu même où l'on se trouve parle mieux et plus haut que toutes les voix humaines.

C'est bien le cas ici, dans cette enceinte, où tout parle de Combal, où tout le rappelle, où tout le fait revivre devant vos yeux avec une poignante apparence de réalité.

Je ne puis me rappeler sans une indicible émotion le jour, déjà lointain, où il venait prendre possession de son service dans cet hôpital. La cloche venait de sonner la première visite du nouveau professeur de Clinique médicale ; tous les internes étaient réunis, ici même, pour saluer leur Maître vénéré ; tous les élèves, les administrateurs, les religieuses, les malades, lui souhaitaient la bienvenue avec un enthousiasme égoïste : ils prévoyaient si sûrement le bien que ce médecin allait faire à tous !

Et, aujourd'hui, tout cela s'est brutalement effondré ; la maladie et la mort se sont vengées, en une fois, sur lui des incessantes défaites qu'il leur avait fait subir, et l'ont abattu d'un seul coup.

Et vous tous, élèves, malades, amis, vous avez senti un frisson secouer votre corps quand cette même cloche vient de sonner encore une fois l'entrée de Combal dans son cher hôpital ; les internes d'aujourd'hui ont dû prendre son corps sur leurs épaules, pour lui faire faire sa dernière visite dans son service ; et nous, ses internes d'autrefois, ses collègues aujourd'hui, ses élèves toujours, nous sommes obligés de refouler nos larmes pour faire revivre un instant devant vous, dans un suprême hommage, la figure de celui que l'évêque d'Orléans a appelé si justement notre « grand Combal ».

Oui, Messieurs, Combal a été grand. Il a été grand par le cœur et par l'esprit, les deux choses qui font l'homme. Il a été grand par l'importance du bien qu'il a fait à tous et partout, lui qui a eu cette bonne fortune, si rare, de n'avoir, au milieu d'un immense succès, suscité autour de lui ni détracteurs, ni envieux. Pas n'est besoin de laisser travailler à sa statue

« Le Temps, ce grand sculpteur[1] ».

« Les vertus trouvent leurs meilleurs juges aux époques mêmes qui les voient naître[2]. » Quel monument n'élèverait-on pas à la mémoire de Combal, si chacun de ceux à qui il a rendu service apportait une pierre !

Assez souvent on a mesuré la valeur d'un homme au nombre

[1] V. Hugo.
[2] Tacite.

d'existences qu'il a sacrifiées, quelquefois même gaspillées, pour que nous ayons le droit de la mesurer, pour une fois, au nombre d'existences conservées ou sauvées. Il y a assez de grands hommes qui n'ont semé que des larmes, pour que nous soyons fiers d'en trouver, chez nous, un qui a toujours consolé.

Combal, Messieurs, a été grand comme médecin, comme professeur, comme homme.

C'est à ses malades et à ses confrères qu'il faut demander ce que fut le *médecin*.

« Là où est l'amour des hommes est aussi l'amour de l'art. » Combal avait, au plus haut degré, ces deux affections dont Hippocrate proclame la connexité et sans lesquelles la médecine devient un métier fastidieux. Il avait une vraie passion pour la médecine et pour les malades. On a dit[1] d'un grand poète, pour prouver qu'il était « un irréprochable artiste », qu'il avait su « transmuter la substance de tout en substance poétique; ce qui est la condition expresse et première de l'art' ». Combal voyait tout en médecin, il transmutait tout en substance médicale; ce qui est aussi la condition expresse et première de la grande médecine.

A l'hôpital ou en ville, chez le pauvre ou dans les plus nobles familles, il ne voyait que le malade, et, dès qu'il l'avait vu, il le prenait, l'analysait, l'interrogeait. Et c'est de cet examen minutieux, répété, que sortait ensuite ce diagnostic lumineux que tous admiraient et que l'on appelait son coup d'œil médical. Certes, Combal voyait vite la nature du mal, mais il ne se prononçait que lentement, quand il était sûr de l'examen. Que de diagnostics il a rectifiés ou complétés par cette habitude rigoureuse de toujours analyser à fond, de ne jamais s'arrêter à une première impression, quelque vraisemblable qu'elle pût paraître !

Doublez cette minutie d'examen d'une science clinique profonde et d'une expérience consommée, qui l'inspiraient toujours dans la formule du traitement à suivre, et vous comprendrez tous ces magnifiques et innombrables succès de Combal, qui ont fait de lui un praticien d'une réputation, je ne dirai pas régionale, mais européenne.

Et toutes ces hautes qualités de l'esprit étaient encore rehaussées par cette modestie dans l'allure et cette douceur dans la parole, qui révélaient un homme de cœur et captivaient immédiatement le malade.

« Que tout soit doux dans ta personne,

[1] Leconte de Lisle.

disent naïvement les commandements du médecin [1],

> L'œil, le geste, ainsi que la voix ;
> Que ta bonté partout rayonne,
> Et tu soulageras deux fois. »

Et, en effet, Combal laissait ses malades souvent guéris ou améliorés, toujours consolés et irrésistiblement séduits. C'est ainsi qu'est née, que s'est développée cette immense réputation professionnelle, sans précédent dans notre École, qui faisait appeler notre Collègue, tous les jours dans la région méditerranéenne, souvent dans la France entière, plusieurs fois même dans les grandes villes de l'Europe.

Et ce médecin si répandu, si disputé, était tout à tous, bon et serviable pour chacun, se prodiguant pour le pauvre comme pour le riche, négligeant les honoraires, refusant un voyage lointain et rémunérateur pour ne pas manquer ou écourter sa visite d'hôpital. Et tout cela se faisait sans faste, sans ostentation ; il se cachait presque pour faire le bien. Au milieu d'une génération qui semble répéter sans cesse : « Il faut paraître, nous avons besoin de paraître », lui, semblait avoir pris pour devise « *Ama nesciri* », et ne cherchait qu'à se faire ignorer.

Je voudrais maintenant que tous les médecins avec qui Combal a eu des relations professionnelles viennent déposer ici à leur tour et proclamer ce qu'il fut pour ses Confrères.

Comprenant que la consultation n'est pas une école de concessions mutuelles, et que le consultant doit honnêtement soutenir sa manière de voir, mais comprenant aussi que la fermeté dans les opinions n'exclut jamais la correction et la politesse dans la forme, Combal n'amoindrissait jamais un Confrère dans l'esprit de ses clients. Ni en sa présence, ni en son absence, ni directement, ni indirectement, il ne disait ni n'insinuait jamais rien qui pût porter atteinte à la réputation et à la situation du médecin traitant.

C'est que Combal avait la plus haute idée de la dignité professionnelle. La médecine n'était pas pour lui un métier ; c'était un art appuyé sur les sciences. Et il exerçait cet art de haut, en grand, dédaignant les mesquines jalousies des impuissants et des mauvais. Il comprenait que la plus sûre manière pour les médecins de se faire respecter des autres, c'est de se respecter eux-mêmes, entre eux.

Si les malades et les confrères nous ont dit ce qu'a été Combal

---

[1] Dechambre.

comme médecin, les élèves et les collègues nous diront ce qu'il fut comme *professeur*.

Sa carrière d'enseignement a été longue et admirablement remplie. Dès le début, il se sent attiré vers l'hôpital, s'y installe en maître par une série de concours. Il devient ainsi interne de l'Asile des aliénés, interne et chef interne à l'Hôpital-Général, au Dépôt de police et à la Clinique d'accouchements, puis à l'hôpital Saint-Éloi, où il est ensuite chef de Clinique médicale. Enfin, en 1849, il soutient sa Thèse de doctorat sur la Fièvre typhoïde, et, la même année, il est nommé agrégé, après un brillant concours, dans lequel il lutta victorieusement contre Anglada, Bordes-Pagès et Lassalvy.

Dès cette période de sa vie, il se forme et il commence à former les autres à ce grand art de la clinique, qui est comme l'enseignement suprême dans nos Facultés et la synthèse appliquée de toutes les sciences médicales.

L'auscultation venait de naître ; le diagnostic physique des maladies de poitrine faisait des progrès énormes et pleins de promesses. Les anciens Maîtres, Caizergues, Broussonnet, dédaignaient ou tout au moins ignoraient ces nouveaux moyens d'exploration. Combal se mit à l'œuvre, et, avec la collaboration et sous la direction de son collègue Barre, dont je suis heureux de saluer en passant la mémoire avec une piété quasi filiale, il apprit l'auscultation et l'enseigna aux autres. Et vous savez à quel degré de perfection il était arrivé dans cet art difficile dont il était l'initiateur à Montpellier.

Bientôt après, un nouveau champ clinique est ouvert à son activité : il est nommé médecin en chef de l'Hôpital-Général. C'est lui qui a ouvert cet hôpital aux élèves, c'est lui qui y a fondé ces nouvelles cliniques qui n'ont jamais cessé de fonctionner depuis et de rendre de grands services à de nombreuses générations d'étudiants.

Nous nous rappelons tous ses leçons sur les Maladies des vieillards, qu'il étudiait là de près et en grand, et nous nous rappelons tous le succès qu'elles avaient auprès de ses auditeurs bénévoles.

C'est en 1864 qu'un auditoire officiel lui est donné dans notre Faculté de Médecine, quand il est nommé professeur de Thérapeutique et Matière médicale, en remplacement de Golfin.

Combal porta dans cet enseignement théorique ses éminentes qualités de praticien. Il vivifiait ses leçons par des exemples incessants, empruntés à sa grande clientèle, et captivait les élèves par le caractère éminemment pratique de ses conceptions.

Mais ce ne pouvait être là qu'une Chaire d'attente pour Combal ; sa vraie place était à la Clinique médicale, où il passa en 1873, à la place de Fuster. C'est alors que nous le vîmes rentrer dans cet hôpital Saint-Éloi, où il avait longuement fait ses premières armes, dans cet hôpital dont la destinée nosocomiale semble devoir finir avec la carrière professorale même de notre regretté Collègue.

C'est là que s'est épanoui ce bel enseignement clinique, dans lequel s'incarne, pour ainsi dire, le souvenir entier de Combal. Ennemi des phrases et de la rhétorique, dédaigneux des leçons *ex cathedrá*, Combal faisait là tous les jours d'admirables leçons de choses, apprenant aux élèves à examiner, à manier, à traiter le malade, formant des praticiens, de vrais médecins.

Et comme il n'y a pas de vraie médecine sans grande doctrine, comme il n'y a pas de pratique saine sans science vraie, Combal vivifiait son enseignement clinique par des aperçus incessants sur les grands problèmes de la biologie. Que de fois nous lui avons entendu défendre et développer cette grande doctrine des diathèses et des maladies générales qui s'impose à tous les bons esprits, et que bien des médecins ont publiée et rééditée, sans citer l'origine de leur manière de voir !

Malheureusement, Combal n'avait plus le temps, à cette période de sa carrière, de rédiger et de publier lui-même ses recherches et ses idées. Au début de sa vie médicale, il avait publié une série de bons travaux cliniques, de comptes rendus pleins d'intérêt sur les services hospitaliers auxquels il était attaché, des Mémoires importants que couronnèrent sa Thèse de doctorat et sa Thèse d'agrégation. Une fois professeur de Clinique médicale, il écrivit peu. Mais que de Mémoires inspirés, presque dictés par lui ! que de travaux faits dans cette École sous son inspiration directe et presque exclusive ! Quel est celui d'entre nous qui n'a pas dû, pour respecter simplement la vérité, inscrire pieusement son nom en tête de ses ouvrages, comme le nom vénéré de son Maître et de son inspirateur ?

Combal n'enseignait pas seulement par ses leçons orales quotidiennes, qu'il faisait publier souvent et qu'il rédigeait encore sur son lit de mort ; il n'enseignait pas seulement par les mémoires et les travaux qu'il suscitait et qu'il conseillait, il enseignait encore quotidiennement par ses consultations.

Chaque consultation remise à un malade après mûr examen, était une vraie page de clinique, reflétant toujours la haute et saine doctrine de Montpellier et semant ainsi le bon grain aux quatre coins du monde. Que de médecins nous avons vus conserver soigneusement et relire souvent ces consultations savantes qui étaient pour eux un enseignement clinique des plus appréciés !

C'est ainsi que Combal répandait partout le renom de notre vieille Faculté, à laquelle il était si profondément attaché et qui espérait encore le conserver si longtemps. Il y a à peine quelques mois, en effet, l'Autorité supérieure avait décidé de ne pas appliquer à Combal la loi sur la limite d'âge, et, dans une séance à laquelle il assistait, la Faculté fit solennellement inscrire au procès-verbal la grande satisfaction que lui avait causée cette décision. Il paraissait alors le plus jeune et était certainement le plus actif d'entre nous.

Ses Collègues étaient tous bien fiers de conserver à leurs élèves un Maître précieux et à eux-mêmes un ami et un modèle. La Providence en a décidé autrement, et, en faisant à Combal la grâce de mourir debout et sans décrépitude antérieure, elle lui a permis de terminer sa carrière dans le rayonnement continu de ces hautes facultés intellectuelles et morales qui faisaient de l'homme l'égal du médecin et du professeur.

Comme *homme*, Combal se caractérise en deux mots : c'était un honnête homme et un chrétien.

Vous vous rappelez cette figure aimable et modeste, animée le plus souvent par un sourire plein de finesse, cette parole insinuante, familière, amicale, cette attitude presque humble par laquelle il semblait toujours vouloir faire pardonner la haute situation qu'il occupait. Il accordait une de ses consultations si enviées sur le ton avec lequel il aurait demandé un service. Il semblait l'obligé de ceux dont il sauvait la vie.

Né d'une famille modeste, en 1816, dans cette commune de Lagrasse qui avait la curieuse bonne fortune, de donner, cette année-là même, naissance à deux grands Français, Combal n'avait jamais renié cette origine. Une fois à Montpellier, il était entré dans une famille déjà illustrée par un des professeurs de notre École, chargé d'aller à Marseille soigner la peste de 1720. Sa grande situation professionnelle lui créa les relations les plus importantes et les plus flatteuses. Mais rien ne l'enivra. Il se savait et se disait toujours le fils de ses œuvres. Sur son lit de mort encore, il déclarait vouloir finir ses jours dans la simplicité et l'obscurité qui avaient présidé à sa naissance ; et c'est seulement grâce à une pieuse désobéissance à ses dernières volontés que nous pouvons rendre ce dernier hommage public à sa mémoire.

Chrétien convaincu, pas batailleur, mais pratiquant, Combal a toujours associé, dans les hautes sphères de son cœur, la Patrie et la Religion, et sa mort est venue couronner dignement cette belle existence sans en changer l'allure.

Dès le premier jour de cette maladie, qui était presque la première et qui devait être la dernière, il se sentit frappé à mort. C'est à ce dernier éclair de sa puissance diagnostique et pronostique qu'il faut attribuer cette sorte de découragement thérapeutique dans lequel il était tombé et qui était si loin de la direction et des tendances ordinaires de son esprit. Si, malgré la confiance aveugle qu'il avait dans l'éminent ami qui le soignait, il a mieux aimé, comme Dupuytren et Claude Bernard, mourir directement de la main de Dieu, sans intervention de la main des hommes, c'est qu'il se crut d'emblée au-dessus de toutes les ressources de l'art.

Sans appeler la Mort, il l'attendait avec la certitude du médecin et le stoïcisme du philosophe. « Affranchis-nous », semblait-il lui dire :

> « Affranchis-nous du temps, du nombre et de l'espace
> Et rends-nous le repos que la vie a troublé[1]. »

Il a fait le sacrifice de sa vie avec une abnégation sublime, bénissant tous les siens dans des adieux déchirants, et se confiant lui-même pour le lendemain dans cette miséricorde divine à laquelle il croyait fermement.

Il n'était pas en effet de ceux pour qui « la vie est un accident sombre entre deux sommeils infinis[2] ». Il professait, au contraire, avec le poète[3] :

> « ...Que le tombeau qui sur le corps se ferme
>   Ouvre le firmament,
> Et que ce qu'ici-bas nous prenons pour le terme
>   Est le commencement. »

Je m'arrête, Messieurs, sur cette pensée qui est la seule consolation que nous puissions offrir en ce moment à la famille désolée du Maître. Combal vivra toujours parmi nous comme le symbole de l'honnêteté et de la dignité médicales, de l'autorité et de la grandeur professorales, comme le modèle à proposer aux médecins et aux élèves de tous les temps.

[1] Leconte de Lisle.
[2] A. de Vigny.
[3] V. Hugo.

On raconte que, lors de la mort glorieuse d'un Noailles, qui était l'idole de ses soldats, ses grenadiers réclamèrent son cœur, l'enfermèrent dans une boîte de métal, le suspendirent à la hampe de leur drapeau et marchèrent ainsi à la victoire. Nous aussi, Messieurs, nous inscrirons en lettres d'or le nom de Combal sur le vieil étendard rajeuni de notre chère École de Montpellier, et chacun de nous, dans les heures difficiles de l'enseignement ou de la profession, lèvera les yeux vers ce nom et marchera droit vers le succès, honnêtement et bravement, heureux s'il peut vivre et mourir comme cet *homme de bien*.

Discours de M. SARDA.

MESSIEURS,

Au nom des chefs de Clinique, je viens, à mon tour, dire un adieu suprême à celui qui fut notre Maître vénéré. Après les paroles éloquentes que vous venez d'entendre, la tâche qui m'incombe est périlleuse. Le deuil que nous portons tous au fond du cœur m'est trop personnel pour qu'il me soit facile de maîtriser la poignante émotion qui m'étreint.

Je voudrais rappeler ce que fut Combal à l'hôpital, comme professeur et comme médecin ; car c'est un des plus beaux côtés de cette grande figure. Elles sont encore présentes à l'esprit de tous, ces conférences marquées du caractère de la plus saine clinique que notre Maître a consacrées à la pneumonie, au rhumatisme, aux fièvres éruptives, aux affections du cœur, aux déviations symptomatiques de l'herpétisme, de la tuberculose, de la scrofule. Qu'elles étaient savantes, profondes et philosophiques, ces idées originales qu'il émettait sur les maladies les plus diverses ! Sans doute, le temps a manqué à notre cher défunt pour écrire et publier tous ces aperçus qu'il livrait au vent de l'improvisation. Mais la trace reste ; elle se retrouve dans un grand nombre de Thèses, et les idées de l'éminent clinicien sur le traitement des diathèses par les eaux minérales et la climatothérapie allaient prendre corps et être soumises à l'approbation du public médical lorsque la maladie est venue lourdement frapper ce praticien aimé de tous. Bientôt peut-être des mains pieuses élèveront ce monument à sa mémoire et travailleront à cette publication ardemment désirée.

Combal ne fut pas seulement un grand clinicien, se tenant toujours au courant de la science ; il fut aussi un professeur précieux pour notre École et pour tous ceux qui ont eu le bonheur d'entendre ses leçons. Ses explications étaient à la fois savantes et si simples que les novices eux-mêmes comprenaient sans peine. Son grand savoir, mis au service d'un sens clinique parfait, son admirable talent d'observation, nous étonnaient et nous séduisaient. C'était un virtuose en auscultation et en percussion, bien qu'il ne les eût apprises de personne, et, comme il le disait lui-même, nous sortions de là bien armés pour l'exercice de notre profession.

Je ne rappellerai pas sa science profonde du diagnostic et de la thérapeutique, devant laquelle tous s'inclinaient avec une admiration mêlée de surprise. Sa générosité scientifique est attestée par les monographies et les mémoires de plusieurs générations d'élèves qui ont puisé à cette source féconde. Tous, chefs de clinique, internes, étudiants, lui avons pris une idée.

Et cette générosité n'avait d'égales que sa bonté et sa grandeur d'âme. Affable, affectueux, indulgent avec les élèves, il les instruisait avec une bienveillance qui le faisait, avec raison, adorer d'eux. Indulgent, il le fut envers tous, mais non envers lui-même ; car toujours il craignait de n'avoir pas montré assez de zèle. Il sentait qu'il avait charge d'âmes et voulait faire de nous tous des praticiens instruits et probes. Qui de nous ne s'est senti saisi d'une respectueuse admiration devant ce Maître dont la réputation était si grande, oubliant sa supériorité pour descendre jusqu'aux plus ignorants d'entre nous ?

Voilà ce que fut Combal comme professeur. Ce qu'il était à l'égard des malades, vous le savez tous. N'était-il pas sublime, ce médecin des puissants et des riches de ce monde, dans la bonté, dans la douceur de ses relations avec les humbles et les déshérités ! Que de fois n'avons-nous pas admiré sa patience et son inépuisable charité vis-à-vis des malades exigeants et grossiers !

C'est que ce Maître fut un grand et noble cœur, c'est qu'il était surtout l'homme du devoir.

Il venait, dès 7 heures du matin, à l'hôpital, et les visites qu'il y faisait, fatigantes pour tous par leur longueur, lui paraissaient une distraction, tant il trouvait simple et naturel de faire plus qu'il ne devait aux autres et à lui-même. Et cette tâche, il la remplissait modestement, sans ostentation, sans phrases, et les plus paresseux se laissaient gagner par un exemple venu de si haut.

Mais c'est surtout pendant que sévissaient les maladies contagieuses que ce petit vieillard alerte, aux allures juvéniles, était sublime de courage et de dévouement. A ceux qui, le voyant fatigué, le pressaient de goûter un repos chèrement acheté et justement mérité, il répondait invariablement : «Il faut lutter ».

Un jour vint, cependant, où ce lutteur sans peur et sans reproche dut quitter le champ de bataille, le champ d'honneur. On put croire (fol espoir!) qu'il avait reçu une blessure seulement dangereuse. Hélas! les soins les plus intelligents et les plus empressés n'ont pas réussi à vaincre le mal : la blessure était mortelle, et le blessé ne s'y trompa point. Calme et impassible, comme les stoïciens antiques, il regarda bien en face la Mort lugubre et lui dit : « Viens! tu ne m'effrayes point ». Alors commença la lutte fatale dont le dénouement était prévu d'avance par le vaincu, et pour laquelle l'horrible vampire eut recours aux plus atroces douleurs. Et maintenant nous déplorons la perte de tant de vertus, nous arrosons de nos larmes cette dépouille mortelle.

CHER MAÎTRE,

Cette foule recueillie qui se presse à tes funérailles, tous ces yeux pleins de larmes te disent assez et mieux que des paroles combien tu étais aimé de tes élèves et de tes malades. Puissent ces regrets unanimes adoucir la douleur inconsolable d'une famille si digne de sympathie et de respect, si cruellement éprouvée! Tu fus bon, honnête, charitable, courageux jusqu'à la témérité, modeste et juste. Le dire, c'est traduire le sentiment général, c'est payer une partie de ma dette de reconnaissance. Dieu et le temps me permettront, je l'espère, de m'acquitter intégralement, en marchant sur tes traces et en aidant à perpétuer ton souvenir chéri.

Tu es retourné en poussière; mais cette poussière sera féconde. D'elle naîtront, ô mon vénéré Maître, des élèves dignes de toi, sinon par la science, du moins par le zèle et le dévouement professionnels. Le souvenir de l'exemple que tu nous as donné sera notre meilleur guide; toute notre ambition sera d'être tes humbles imitateurs.

Ces fleurs te disent nos sentiments. La pensée : nous n'oublierons jamais ni tes vertus ni ton mérite ; la violette : elle est, comme toi, belle et modeste. Ces fleurs seront bientôt flétries, mais ton souvenir vivra éternellement dans nos cœurs.

Adieu, cher Maître, adieu !

Discours de M. RAUZIER.

MESSIEURS,

Quand la mort frappe un Maître au cours d'une carrière active, quand un cruel événement enlève celui qui enseigne à ceux qu'il instruit, c'est un devoir, et un devoir bien doux pour ses élèves, de redire et de célébrer les qualités dominantes de celui qui n'est plus. Chez l'un, on vantera l'éloquence entraînante ; chez un autre, l'expérience consommée ; les qualités intimes seront remises en relief dans d'autres cas, et l'Histoire, gardienne jalouse de la vérité, recherchera surtout l'appréciation impartiale et dépourvue d'exagération de ces élèves auxquels il aura été donné d'entourer le Maître et de le comprendre.

Le Maître ! il l'était pour nous à tous les points de vue, celui que nous suivons pour la dernière fois. On a fait ressortir tout à l'heure les merveilleuses qualités d'enseignement que possédait le professeur Combal ; on a rappelé la sûreté de son diagnostic et les ressources de sa thérapeutique. J'insisterai seulement, pour ma part, sur son incomparable bonté et sur l'ineffable bienveillance qui présidait à toutes ses relations avec ses élèves, étudiants ou internes.

Cette bienveillance, il n'était pas besoin, pour s'en rendre compte et l'apprécier, de connaître depuis longtemps notre Maître ; le titre seul d'étudiant, le seul fait d'appartenir à cette jeunesse des Écoles, qu'il considérait comme sa grande famille, constituait un droit acquis à son affection. Jamais il n'était plus heureux que lorsque, entouré des élèves, qui se pressaient en grand nombre à sa visite, il se livrait, pour le bien de tous, à cet enseignement simple et pratique au lit du malade, qui mettait les plus jeunes à même de suivre et de comprendre ses leçons. Il aimait à interroger ses élèves ; il forçait doucement les impatients à réfléchir, applaudissait aux réponses heureuses, et avait pour ceux qu'il appelait « les ralentis » des trésors d'indulgence.

Il était le Maître pour ceux qui se bornaient à suivre ses leçons et à venir puiser les nombreux enseignements qu'on y recevait tous les jours. Ceux-là viennent de faire une perte immense ; ils seront privés d'un Maître éminent. Mais la séparation est cruelle ; la perte devient irréparable pour ceux qui, familiers du Professeur, ont été appelés à vivre avec lui dans une respectueuse intimité. Ceux-là (j'étais du nombre pendant sept années qui feront époque dans mon existence), ceux-là peuvent dire que le cœur du Maître égalait son génie. On était toujours sûr de trouver près de lui un utile conseil dans toutes les circonstances de la vie ; il relevait le courage aux heures de découragement, soignait l'âme comme le corps, et ne cessait, par l'exemple et par la parole, de vous exciter au bien.

Maître, vous êtes d'un grand exemple ; à défaut d'un enseignement écrit, vous laissez dans l'esprit et dans le cœur de vos élèves une tradition impérissable à laquelle ils demeureront fidèles.

Adieu, Maître ; goûtez sans amertume le grand repos ; peu d'hommes ont été pleurés comme vous l'êtes, et si le deuil public est impuissant à adoucir les larmes de votre famille, vous la laissez du moins entourée de la sympathie universelle.

Adieu, au nom des élèves, que vous aimiez ; adieu, au nom de vos internes ; adieu, au nom de ces hôpitaux, qui vous doivent tant, et des pauvres, auxquels vous avez consacré votre vie !

———